AF385212

VAUGIRARD

EN 1859

Paris. — Imp, de Pommeret et Moreau, 42, rue Vavin.

VAUGIRARD

EN 1859

PAR

M. JULES DE LAMARQUE,

Auteur d'ouvrages d'Histoire, de Littérature
et d'Economie sociale, etc.

INTRODUCTION.
L'ancienne et la nouvelle Eglise.
Société charitable de Saint-Lambert,
Œuvre des femmes en couches et des malades.
Vestiaire des pauvres. — Ecole des Garçons. — Ecole des Filles.
Patronage des jeunes filles. — Société de Secours mutuels.
Société de saint François Xavier.
CONCLUSION.

---

75 centimes.

Se vend au profit des pauvres.

PARIS

LALLEMAND-LÉPINE, LIBRAIRE,
RUE DE SÈVRES, 72.

1859

VAUGIRARD EN 1859.

En 1842 (1), lorsque fut publiée la dernière histoire de Vaugirard, cette commune n'avait pas l'importance qu'elle a prise de nos jours et surtout depuis six ans, par le rapide accroissement de sa population. A cette époque, elle ne renfermait que 12,000 âmes, tandis qu'aujourd'hui elle en compte plus de 30,000, se partageant entre deux paroisses. Cette progression est la conséquence

(1) *Histoire de Vaugirard ancien et moderne*, par M. l'abbé Gaudreau, curé de cette commune, actuellement chanoine de Notre-Dame.

des démolitions colossales qui ont lieu dans Paris, où se bâtit comme par enchantement une ville nouvelle, coupée de boulevards magnifiques, qui, semblables à des canaux vivifiants, font pénétrer des flots d'air et de lumière dans le dédale de ses rues élargies.

La population qui s'entassait naguère dans ces énormes pâtés de maisons dont le marteau des démolisseurs nous a montré un moment les distributions intérieures ; cette population de toute condition , mais formée en général de personnes appartenant aux classes pauvres et laborieuses, a reflué dans les banlieues peu préparées à les recevoir, où elle a jeté une certaine perturbation, et fait hausser subitement le prix des loyers. Des familles entières, dépourvues de toute ressource, sans vêtements et sans pain, viennent, à la fin de chaque terme, chercher un asile dans les communes suburbaines, où quelques-unes arrivent dans un tel état de dénûment qu'elles périraient de faim, si la charité privée ou la bienfaisance publique ne leur venait en aide. Malheureusement les ressources des œuvres ou des institutions consacrées au soulagement de ces misères ne sont pas en rapport avec cette augmentation considérable de leurs charges.

Trop petit, malgré son vaste périmètre, pour contenir une population sans cesse croissante, et cette multitude d'étrangers, de curieux et de spéculateurs que lui apportent chaque jour les chemins de fer sur les ailes de la vapeur, Paris menace de rompre son mur d'octroi, comme une ceinture trop étroite pour ses flancs robustes auxquels il faut maintenant le cercle gigantesque des fortifications. Dans quelques années, sans doute, les communes comprises entre ces deux enceintes se confondront avec la grande ville, comme ces fleuves qui mêlent leurs eaux à celles de la mer. C'est donc le moment de jeter un coup d'œil sur ces agrégations intéressantes destinées à perdre leur individualité, comme on jette un dernier regard sur le navire qui va disparaître à l'horizon. Quant à nous, dans cette courte notice, nous nous occuperons exclusivement de la commune de Vaugirard, en la prenant au point où l'ont laissée ses derniers historiens.

Tout le monde sait que la plaine où est situé Vaugirard n'a jamais été le théâtre d'événements bien importants, ni de ces grandes batailles où se sont joués la fortune de la

France et l'avenir de la civilisation. Nous laisserons donc de côté la partie historique et si peu féconde de notre sujet, pour nous occuper des institutions de charité, de bienfaisance et de prévoyance qui se sont formées dans Vaugirard, et principalement de l'église qui a été bâtie au centre de la commune. La vie morale d'un pays vaut bien la peine d'être étudiée avec soin, quoiqu'elle offre en apparence moins d'intérêt que le rôle qu'il a pu jouer dans son existence politique.

ÉGLISE DE VAUGIRARD

La population de cette commune prit un tel développement à partir du commencement de ce siècle, que l'église qui existait alors devint insuffisante pour le nombre toujours croissant des fidèles. Cette église avait été primitivement une simple chapelle construite en l'honnneur de la Vierge, vers la fin du XIIIe siècle, par les soins du sire de Bucy. En 1453, elle fut placée sous l'invocation de saint Lambert, évêque de Maëstricht, dont les reliques lui furent données probablement par l'abbaye de Saint-Germain.

A partir de cette époque, cet édifice fut successivement agrandi; on y ajouta des bas

côtés à voûtes ogivales, puis une sacristie.
Ces juxtapositions détruisirent la régularité
de l'église, sans augmenter beaucoup sa
contenance, et lui donnèrent un aspect in-
forme. Le clocher seul, tour carrée avec con-
treforts dans le style du XIII° siècle, avait
un caractère monumental. Cette église, mal
éclairée et peu convenable pour les cérémonies imposantes du culte catholique, avait
eu tous les malheurs possibles. Pendant la
terreur, elle avait été dépouillée de ses riches
ornements et profanée par cette plèbe sans
nom qui déshonora, par ses excès, la Révolution française.

Plus tard l'explosion de la poudrière de Gre-
nelle l'ébranla jusque dans ses fondements.
Construite sur une petite place irrégulière
à l'intersection de trois rues, elle était une
gêne à la circulation si active de la principale
artère de la commune et avait occasionné
plusieurs accidents. Sa situation à l'extré-

mité de la ville, à l'issue même des rues Saint-Lambert et Notre-Dame, était encore une incommodité de plus pour les habitants logés du côté de Paris ou de Plaisance; enfin elle ne pouvait plus être ni réparée, ni agrandie. Aussi, depuis le commencement du siècle, la population réclamait-elle la construction au centre de la paroisse d'une église plus vaste et plus digne de Celui qui a dit par la bouche du prophète « Le ciel est mon trône, la terre est mon marchepied. »

La cure de Vaugirard avait pris d'ailleurs, elle aussi, une grande importance ; de simple succursale, la paroisse de Saint-Lambert avait été érigée en cure de 2ᵉ classe, le 4 juillet 1827, puis élevée à la 1ʳᵉ classe le 28 octobre 1828. L'ancienne église n'était donc plus en rapport, ni avec l'accroissement de la population, ni avec le titre de la cure, et tout le monde reconnaissait la nécessité d'un nouveau temple.

A la fin de 1842, M. l'abbé Gaudreau, dans une réunion officielle, s'était rendu l'organe du vœu de ses paroissiens à ce sujet; mais il n'avait été pris aucune décision, parce que la commune reculait devant la dépense considérable que devait entraîner la construction de l'édifice si vivement désiré (1).

Ici, comme dans bien des choses de ce monde, la question d'argent primait la question de religion et de morale; non pas que les administrateurs de Vaugirard ne fussent pas animés des meilleures intentions,

---

(1) M. l'abbé Gaudreau s'exprimait ainsi dans son Histoire de Vaugirard, publiée en 1842 :

« L'église est toujours d'un aspect pauvre et désa-
« gréable ; dévastée pendant la révolution, elle n'a
« pu réparer ses ruines, et, sauf quelques mesures
« d'urgence pour la restauration de la toiture et de
« l'horloge, la commune n'a consacré aucun fonds
« pour son ornement, son assainissement et son
« agrandissement. »

C'est pour remédier à cette situation que l'on forma, dans le quartier de Plaisance, l'église de l'Assomption.

mais ils avaient à se préoccuper en même temps d'autres besoins impérieux, et les ressources de la commune leur commandaient une grande circonspection ; leur hésitation avait dès lors un motif très-honorable. Cette hésitation durait encore en 1845, lorsque M. l'abbé Victor Hersen fut désigné par la confiance de Mgr Affre, archevêque de Paris, pour diriger la cure de Vaugirard. « Il y a quarante ans, lui avait dit à cette occasion le futur martyr de nos guerres civiles, que l'on désire une église dans cette commune ; je compte sur vous pour faire réaliser le vœu de ses habitants. » M. Hersen fut frappé de l'insuffisance à tous les points de vue de l'église dans laquelle il était appelé à célébrer les divins mystères, et prit envers lui-même l'engagement de faire tout ce qui serait en son pouvoir pour remplir le mandat qui lui avait été donné. M. l'abbé Hersen avait toutes les qualités nécessaires pour mener à fin cette œuvre importante : doué d'une grande activité et d'aptitudes administratives, il avait en outre une volonté ferme que rien ne devait détourner de l'accomplissement de son dessein. On le verra tout à l'heure, c'est grâce à sa persévérante énergie, encouragée et soutenue par les autorités locales, que la commune a vu s'élever son église en peu d'années et pour ainsi dire entre deux révolutions. M. Brûlé, qui administrait alors la commune, entra avec un empressement louable dans les vues de M. l'abbé Hersen, et usa de son influence sur le conseil municipal pour lui faire voter les sommes nécessaires à la construction d'une église. Ce vote eut lieu le 22 août 1846.

Un ancien bénédictin retiré à Vaugirard, dom Groult d'Arcy, dans la prévision de l'érection de cette église, avait laissé à Mgr de Chalcédoine, son légataire universel, la faculté de distraire de ses propriétés une

parcelle de terrain pour être mise à cet effet
à la disposition de la fabrique. Quelques
mois auparavant, le 13 décembre 1845,
M. l'abbé Ravinet, vicaire général du diocèse, avait écrit à M. le curé qu'il avait reçu
le consentement de Mgr de Chalcédoine à
la délivrance du terrain. L'autorisation d'accepter ce legs fut accordée par une ordon-
nance royale du 25 juin 1847, qui permit
en outre à la fabrique d'abandonner ce terrain à la commune pour la destination pro-
jetée ; mais la parcelle léguée par M. Groult
d'Arcy (un tiers d'arpent) était insuffisante ;
alors deux honorables habitants de Vaugirard, MM. Guillot et Fenoux offrirent 340
mètres d'un terrain contigu au premier, afin
de compléter l'emplacement de l'église à
construire. La commune fut autorisée à
accepter ce nouveau don par un arrêté du
ministre de l'intérieur du 18 mars 1848,
ayant force de décret. Le même décret affec-

tait à la construction de la nouvelle église
des revenus extraordinaires et le produit des
matériaux devant provenir de la démolition
de l'ancienne église, qui ne pouvait plus être
conservée. Cet acte, rendu au nom du peuple,
était signé Ledru-Rollin, membre du gou-
vernement provisoire de la république française, et contre-signé Jules Favre.

Ces noms et cette date indiquent assez
que depuis le vote du conseil municipal, la
France avait subi une révolution, qui avait
entièrement changé la forme de son gou-·
vernement.

C'est au milieu de ces circonstances difficiles, lorsque tout était remis en question
et que la société, profondément ébranlée,
doutait du lendemain, que M. l'abbé Hersen
et M. Thiboumèry, qui venait d'être nommé
maire de la commune, mus par la même
pensée, eurent à pourvoir à la construction
de l'église. Loin de perdre un seul instant

courage, ils durent se dire que c'était plus que jamais le moment d'élever la croix au-dessus d'une société qui courait aux abîmes. Mon intention n'est pas de faire ici un tableau de ce temps où une licence intolérable compromit la cause de la liberté. Il est encore assez près de nous pour que tout le monde se le rappelle. On vit alors se produire les théories les plus insensées et des hommes connus par la vigueur de leur esprit et la rectitude de leur jugement purent à peine se préserver de la contagion générale. Ce fut, comme l'a dit un écrivain célèbre, un mardi-gras révolutionnaire. Malheureusement cette gigantesque saturnale devait finir par des flots de sang. On sait, en effet, que la fermeture des ateliers nationaux fut le signal d'une lutte fratricide où périrent, avec tant de nobles enfants de la France, un archevêque qui avait voulu arrêter l'effusion du sang au nom du Christ, et sept généraux, dignes de mourir sur un plus glorieux champ de bataille. Le 23 juin, le jour même où les partis en vinrent aux mains, les travaux de la nouvelle église devaient être adjugés à Sceaux, en présence du nouveau maire, M. Thibouméry, qui a su montrer beaucoup de fermeté et de courage dans ces temps difficiles.

Au moment où on allait procéder à cette opération dans les bureaux de la sous-préfecture, on entendit du côté de Paris le grondement lointain du canon, auquel se mêlaient le pétillement de la fusillade, le bruit du tocsin, sonnant à tous les clochers, et le fracas des tambours battant la générale. En même temps, comme si le ciel eût voulu faire entendre sa voix aux acteurs de ce drame sacrilége, l'atmosphère sillonnée d'éclairs retentit des roulements formidables du tonnerre.

Dans cette conjoncture il était bien naturel de songer à renvoyer l'adjudication à des temps plus calmes. C'est là, peut-être, ce qui aurait eu lieu ; mais M. Thibouméry et M. l'abbé Hersen, qui l'avait accompagné, savaient fort bien qu'il y a des ajournements indéfinis. Ils insistèrent donc auprès du sous-préfet, M. Reynaud, pour que l'adjudication ne fût pas remise et furent assez heureux pour l'obtenir. C'est ainsi qu'une simple église de banlieue fut adjugée au milieu d'une conflagration générale des passions humaines et des éléments où le tonnerre faisait écho au canon.

D'après une clause de son cahier des charges, l'entrepreneur, M. Houel, ne devait exécuter ses travaux qu'au fur et à mesure des ressources que la commune mettrait à sa disposition. Or, les fonds votés avaient été échelonnés sur une période de dix ans, ce qui eût reculé jusqu'en 1859 l'achèvement de l'église. Ce délai considérable eût entraîné de nombreux nconvénients, principalement au point de vue des intérêts religieux.

Moyennant une indemnité, payée moitié par M. le curé, moitié par la fabrique, l'entrepreneur consentit à pousser les travaux avec la plus grande activité. Cette indemnité, du reste, représentait à peine l'intérêt des sommes qu'il avait déboursées et de celles dont il avait encore à faire l'avance ; mais il est remarquable que, parmi les personnes qui s'occupèrent de cette église, ce fut à qui montrerait le plus d'abnégation et de bonne volonté.

Grâce à l'heureux accord qui ne cessa de régner entre la commune et la fabrique ; grâce à la bonne volonté de l'entrepreneur, et aux sacrifices personnels de M. le curé, le vaisseau de l'église fut entièrement terminé au printemps de 1853, c'est-à-dire six ans avant l'époque primitivement convenue.

PRISE DE POSSESSION DE L'ÉGLISE

La commune avait achevé son œuvre, elle avait livré à la fabrique le monument tant désiré, nu, il est vrai, mais fini et projetant dans les airs la flèche aiguë de son clocher.

La fabrique avait maintenant à pourvoir à l'ameublement et à l'ornement de l'édifice. Elle avait accepté cette charge, et l'on verra plus loin, lorsque nous décrirons l'intérieur de l'église, que rien n'a été négligé pour donner à la célébration du culte divin la pompe convenable. Disons, pour le moment, que la dépense du mobilier n'a pas été moindre de 200,000 fr,, somme considérable que le conseil de fabrique a su trouver dans une sage administration de ses ressources et dans la générosité des fidèles. Mais d'abord on avisa au plus pressé, tant le digne pasteur de la paroisse était impatient de prendre possession de cette église qui s'était si longtemps dressée dans son imagination avant de sortir toute neuve et toute blanche de son réseau d'échafaudage. On installa un autel provisoire dans le chœur ; des planches et quelques ais de bois grossièrement assemblés et recouverts d'une draperie rouge servirent à former la chaire. Certes, il y avait loin de là au riche mobilier qui existe aujourd'hui.

Le 29 mai 1853, un nombreux clergé, auquel s'était jointe une foule considérable de fidèles tant de la paroisse que des paroisses voisines, sortit de la vieille église et se rendit en procession au nouveau temple. Au-dessus de la foule s'élevaient la grand'croix et les

bannières dont le vent agitait les plis bro-
dés. C'était d'abord celle de Saint-Fiacre
dont les cordons étaient tenus par les membres de la confrérie des jardiniers, revêtus
de leurs écharpes rouges-moirées.

Puis venaient les jeunes filles de la confrérie de la Vierge, la tête couverte de leurs
voiles blancs et se pressant autour de leur
bannière où brillait l'image de la mère du
Christ.

L'odeur de la myrrhe s'échappait des en-
censoirs balancés dans les mains des enfants
de chœur, les cloches sonnaient à toutes vo-
lées, et à leur carillon joyeux se mêlaient les
psalmodies des prêtres et les chants des
confréries.

Le pieux cortége pénétra ainsi dans la
nouvelle église qui avait été bénite la veille.
Les saints, dont la paroisse possède les reliques, et la Vierge représentée visiblement
par sa statue, avaient déjà pris possession

de cette nouvelle demeure, comme s'ils avaient voulu s'assurer par eux-mêmes que tout était prêt pour recevoir le divin Maître (1). Enfin, il arriva lui-même sous le dais du Saint-Sacrement, enveloppant des voiles mystérieux de l'Eucharistie sa majesté et sa gloire dont nul œil humain ne saurait soutenir l'éclat, et comblant de bénédictions la foule agenouillée sur son passage. Des âmes pieuses le virent ainsi des yeux de la foi. Sans doute il dut être touché de cet hommage que l'on rendait à sa toute-puissance ; mais les livres saints nous l'apprennent, les temples bâtis par la main des hommes, si grandes que soient leurs proportions et leur magnificence, ne sont pas la

---

(1) Nous ne faisons que répéter ici les paroles éloquentes que prononça, dans cette solennité, M. de la Bouillerie, alors grand-vicaire du diocèse de Paris, aujourd'hui évêque de Carcassonne.

demeure la plus agréable au Seigneur : son séjour de prédilection est une conscience pure, un cœur brûlant d'amour pour l'humanité.

Consécration de l'Église.

Le 19 juin 1856 fut encore un jour de grande fête pour la paroisse de Vaugirard. On avait dressé de distance en distance dans la rue conduisant à l'église des mâts dont les banderolles flottaient aux vents. Un nombreux clergé venu des paroisses voisines s'était joint aux prêtres de la localité. De grand matin une foule considérable se pressait aux portes de l'église. Tout à coup les cloches sonnèrent, et l'on vit sortir du bâtiment affecté à l'école des filles un pieux cortége de prêtres accompagnant l'archevêque de Paris. Ce vénérable prélat avait habituellement sur son visage une teinte de mélancolie, soit qu'il pressentît vaguement la fin terrible qui lui était réservée, soit qu'il fléchît sous le poids d'un diocèse si difficile à conduire.

L'archevêque fut introduit dans l'église dont les portes s'ouvrirent au heurt de sa sa crosse ; alors, commencèrent les cérémonies solennelles de la consécration. Lorsqu'elles furent terminées, la foule qui se pressait autour du temple y fut admise à son tour ; et c'est à peine s'il fut assez grand pour contenir une affluence de fidèles aussi considérable. A ce moment, arriva M. Haussmann, préfet de la Seine, dont on attendait la venue avec une juste impatience.

A deux heures, un banquet fut offert à monseigneur l'archevêque et à M. le préfet de la Seine par le conseil municipal dans l'école, qu'on avait richement décorée de draperies velours et or avec des guirlandes de fleurs. Les discours qui furent prononcés dans cette circonstance eurent trait naturellement à l'achèvement et à la consécration de l'église, motif de cette réunion.

Description de l'Église.

Disons maintenant un mot de l'église et de son architecture.

L'entrée principale, tournée du côté de la grande rue, est située sous un porche servant de base à une tour en pierre d'un jet hardi et qui est surmonté d'une flèche. On parvient au porche par des marches aboutissant à un perron qui se prolonge à angles droits autour de la façade et dont les balustrades en pierre sont percées d'ouvertures ogivales. La tour est flanquée à sa base de tourillons simulant des ouvrages militaires dans lesquels se trouvent les escaliers à vis conduisant dans l'intérieur du clocher et aux tribunes qui règnent intérieurement autour de la nef. Cette façade, avec ses meurtrières et sa flèche aérienne, ne manque pas d'originalité. Au-dessus du porche un artiste de talent, M. Toussaint, a sculpté trois têtes formant un groupe : le Christ entre la Vierge et un ange.

A l'intérieur, au-dessus de la principale porte d'entrée, on a gravé sur une plaque de marbre l'inscription suivante, destinée à perpétuer le souvenir de cette fondation :

Elevée
à la gloire de Dieu
par la piété des habitants de Vaugirard
M. Hersen étant curé de la paroisse,

Cette église fut votée le XXII août MDCCCXLVI
par le Conseil municipal
présidé par M. Brûlé maire, M. Ganda adjoint.

Commencée le XXIII juin MDCCCXLVIII sous l'administration
de M. Thibouméry maire, MM. Beaumont et Fremont adjoints.

Ouverte au culte le XXIX mai MDCCCLIII.

Consacrée solennellement le XIX juin MDCCCLVI
par Monseigneur Marie Dominique Auguste Sibour
archevêque de Paris en présence de MM. le baron
Haussmann préfet de la Seine et Léon Lambert
sous-préfet de l'arrondissement de Sceaux.

C. Naissant, archit.

L'église comprend une nef coupée par des transepts et des bas-côtés tournant autour du chœur ; derrière le sanctuaire, se trouve la chapelle de la Vierge, ayant de chaque côté la sacristie et la salle des mariages.

Un logement pour le sacristain a été pratiqué à l'ouest, dans la partie extérieure du monument qui touche à la chapelle de la Vierge.

A droite et à gauche de l'entrée, se trouvent la chapelle des fonts baptismaux et celle des âmes du purgatoire.

Le monument affecte les formes généralement adoptées au moyen âge, et son style, sans être l'expression fidèle du roman, en rappelle néanmoins les conditions par les voûtes d'arêtes en pierre, en berceau plein cintre et par la simplicité de son ornementation. La nef a de l'ampleur et de l'harmonie ; on s'accorde, du reste, à reconnaître que l'intérieur de l'édifice est plus satisfaisant que l'extérieur.

La déclivité du sol a permis à l'architecte, M. Naissant, d'établir une église souterraine

dont le plan reproduit celui de l'église supérieure.

Cette église souterraine, qui est entièrement achevée, est d'un effet imposant. Elle
sert de lieu de réunion aux diverses œuvres
de la paroisse et pour le catéchisme.

Mobilier de l'Église.

L'ameublement est aujourd'hui terminé.
Le buffet du grand orgue a été placé dans la
tribune au-dessus du grand portail qui fait
face au maître-autel. La chaire provisoire
a été remplacée par une chaire en chêne
sculpté, à double escalier, que M. le curé
a donnée à l'église. Les trois panneaux de la
cuve représentent les trois vertus théolo-
gales, et l'abat-voix, surmonté d'une croix,
est soutenu par deux anges.

Une lampe en bronze doré d'une forme antique est suspendue au centre du transept ; la nef est séparée du sanctuaire par une grille, servant de table de communion, et qui est un beau travail de serrurerie. Cette grille en bronze doré et en fer poli se relie à deux ambons en pierre de Château-landon, brillante et lustrée comme du marbre ; ils ont été donnés par le conseil municipal et sont destinés à supporter deux riches candélabres.

Le sanctuaire, élevé de trois marches au-dessus du niveau de la nef, est pavé en marbre blanc et bleu turquin ; au centre est le chiffre de saint Lambert, patron de la paroisse. Le maître-autel, don de M. le curé de Vaugirard, est tout entier en marbre blanc ; il est orné de statuettes représentant le sacrifice de la croix. Ce travail remarquable, dû au ciseau de Geoffroy, a figuré avec honneur à l'exposition universelle

de 1855. Les ornements de cet autel, qui
est d'une assez grande dimension, les candélabres, la croix, les chandeliers sont en
bronze doré, sortant des ateliers de M. Pous-
sielgue. Derrière l'autel se trouve un second
orgue qui sert ordinairement dans les cérémonies religieuses. Au-dessus de ce buffet
a été posée une châsse en bronze doré et
richement décorée renfermant les reliques
de saint Lambert.

La chapelle des âmes du purgatoire et
celle des fonts baptismaux ont été peintes
à fresques, ornées de vitraux à sujets et fer-
mées par des grilles en fer. Dans la dernière, on remarque une cuve en pierre de
Châteaulandon, pareille aux ambons placés
à l'entrée du chœur. Elle sort des ateliers
de M. Vossy, qui a fourni les marbres de
l'église. Les extrémités de chaque transept
sont destinées à deux grandes chapelles,
dont l'une doit être dédiée à saint Nicolas, et

l'autre à saint Victor. M. le préfet de la Seine, lorsqu'il est venu visiter l'église le jour de la consécration, a bien voulu promettre de faire décorer ces deux transepts de peintures murales. On espère que ce travail, confié à des artistes distingués qui ont déjà présenté leurs cartons, sera prochainement commencé.

Dans les bas côtés du chœur, se trouvent deux autres chapelles non terminées, dont l'une doit être placée sous l'invocation de sainte Geneviève, et l'autre sous celle de saint Joseph.

Derrière le maître-autel s'ouvre la chapelle de la Vierge, à laquelle nous reviendrons tout à l'heure et qui est malheureusement trop petite comparativement aux proportions du monument et aux besoins du service paroissial.

A droite de cette chapelle, en regardant du côté de la nef, se trouve la grande sacristie. Les murs en sont revêtus de belles boiseries en chêne poli et d'armoires, renfermant les riches ornements de l'église. Cette sacristie est parfaitement aménagée, On y remarque un magnifique chapier et un coffre-fort, doublé de fer, contenant dans un tabernacle les vases sacrés et les pains azimes. C'est un beau travail de serrurerie.

A gauche et parallèlement à la grande sacristie, existe une salle dite des mariages, parce qu'on y reçoit les nouveaux époux et les personnes qui leur font cortége. Cette salle est également garnie de boiseries et d'armoires. A côté se trouve la petite sacristie des chantres.

L'église est chauffée par un calorifère. Elle est éclairée au gaz au moyen de lampes en bronze doré, suspendues au centre de chaque arceau, et de girandoles disposées autour du maître-autel et qui produisent un fort bel effet. Deux phares placés dans la galerie supérieure du chœur permettent d'éclairer en un instant toute l'église. Les jours de grande solennité, le vaisseau resplendit de l'éclat des lumières, qui font encore mieux ressortir le luxe et la pompe déployés dans ces circonstances. L'église a tout ce qu'il faut pour imprimer à la célébration du culte un caractère imposant. Elle possède de riches ostensoirs en vermeil, des chapes et des chasubles ruisselantes d'or, et un dais en velours cramoisi orné de franges et de broderies somptueuses. La plupart de ces ornements et des vases sacrés ont été donnés par des habitants de Vaugirard, qui ont voulu couvrir du voile de l'anonyme leur munificence et leur piété.

Revenons maintenant à la chapelle de la sainte Vierge. La première chose qui frappe les yeux, quand on regarde du côté de l'autel, c'est une statue adossée au mur dont

les pieds reposent sur le tabernacle. Au-
dessus de la tête on lit l'inscription semi-
circulaire suivante gravée en lettres d'or sur
la paroi de l'édifice :

NOTRE-DAME DE PARDON.

Disons ce qui a donné lieu à cette inscription.

Avant la révolution de 1789, l'église de
Vaugirard possédait une statue de la Vierge,
honorée par les habitants de la commune
d'un culte particulier, mais qui disparut dans
la tourmente de 93. A cette époque, cette
église fut, comme tant d'autres, consacrée à
la déesse de la Raison, puis transformée en
grenier à fourrage. Les vases sacrés qui
étaient d'argent massif, les riches étoffes, les
broderies, les franges d'or, tous les ornements furent apportés à la Convention na-
tionale pour les besoins du trésor public.

Malheureusement cette mesure, que les né-
cessités de la situation pouvaient excuser
jusqu'à un certain point, fut suivie d'excès
que l'histoire ne saurait trop flétrir. Les
boiseries sculptées furent arrachées des mu-
railles, on fracassa les vitraux et les dalles,
et l'on renversa les statues des saints de leurs
piédestaux. Celle de la Vierge principalement fut en butte à des profanations sacri-
léges. Après avoir été mutilée par la hache
et fracassée à coups de fusil, elle disparut de
la place qu'elle occupait dans la vieille église
et où elle avait reçu si longtemps les hom-
mages des âmes pieuses dans le silence du
sanctuaire. Personne ne put dire ce qu'elle
était devenue. Les anciens du pays affir-
maient toutefois que ses débris avaient été
enfouis. Mais on n'avait aucune preuve a
l'appui de leur témoignage.

M. l'abbé Hersen, qui avait entendu parler
de cette image, souhaitait vivement de la

rendre à la piété de ses paroissiens. Il avait tenté dans ce but des recherches qui malheureusement n'avaient point abouti. Il ne fallut rien moins que la démolition de la vieille église, en 1854, pour faire découvrir la statue si regrettée des fidèles. On la trouva dans l'épaisseur d'un mur bouchant la baie d'une porte qu'on avait condamnée. Ces débris vénérables avaient-ils été placés là comme des matériaux ordinaires par des ouvriers ignorants, ou bien la piété ingénieuse de quelque fidèle avait-elle imaginé ce moyen de les préserver d'une destruction complète? C'est là un point qu'il ne nous a pas été donné d'éclaircir.

Cette statue, restaurée par les soins pieux de M. Thibouméry, maire de Vaugirard, est en pierre dure et blanche. Elle portait encore, au moment où elle fut retrouvée, des traces de peinture et de dorure. Elle avait été brisée en quatre morceaux et le tronc

.avait été profondément troué par une balle.

Le 15 août 1854, jour de l'Assomption, cette antique image de la mère du Christ a été de nouveau rendue au culte des fidèles.

Le souvenir de cette précieuse découverte a été perpétué par une consécration, qui est à la fois une expiation et un souvenir.

Le dernier archevêque de Paris, comme s'il eût prévu qu'il aurait aussi à pardonner un grand crime, avait permis que cette statue fût honorée d'un culte particulier sous l'invocation de Notre-Dame de Pardon.

SOCIÉTÉ DE SAINT-LAMBERT

A la fin de 1848, aux approches de l'hiver, Mgr Sibour, archevêque de Paris, développa dans une lettre pastorale, adressée au clergé de son diocèse, le plan d'une association générale de charité, destinée à combattre la misère. Le moment était bien choisi pour recommander une œuvre de cette nature. La France, aux prises avec la révolution, était poussée en sens contraire par tous les partis, et semblait devoir périr prochainement, entraînant avec elle au fond des abîmes le monde civilisé. La misère était affreuse; toutes les valeurs immobilières et mobilières étaient discréditées, les machines restaient immobiles et silencieuses dans les ateliers sans travail.

Abusé par des utopies, ruiné par un long chômage, l'ouvrier s'était vu dans la nécessité de tendre la main ; la méfiance et la haine étaient dans tous les cœurs, et à chaque instant on pouvait craindre le retour de ces jours néfastes où le sang avait coulé à flots sur nos places publiques. En attendant que l'ordre fût rétabli aussi bien dans les esprits que dans la rue, il fallait donc que la charité chrétienne fît entendre sa voix et vînt adoucir les maux de ceux qui souffraient le plus de la crise révolutionnaire.

Tel était le but de la lettre pastorale dont nous allons analyser brièvement les dispositions. L'archevêque proposait d'établir dans chaque paroisse une association de charité, sous la présidence du curé, assisté de prêtres et de laïques, parmi lesquels seraient choisis un trésorier et un secrétaire. Un bu-

reau devait exécuter les décisions de cette
œuvre, dont les ressources se composeraient
d'une cotisation mensuelle de 50 centimes
au moins payée par les membres de l'association, du produit de quêtes, sermons de charité, etc.

Le vénérable archevêque comptait sur l'u-
nion des familles aisées pour venir en aide à
celles qui se trouvaient réduites à l'indigence;
il invitait les ecclésiastiques de son diocèse
et toutes les personnes charitables à répéter
souvent l'observation suivante :

« Le nombre des pauvres formant en
« temps ordinaire le dixième de la popula-
« tion, si dix familles se chargeaient d'une
« famille, le problème de la misère serait ré-
« solu, l'humanité serait consolée, la reli-
« gion fortifiée, la société sauvée. »

Au moment où parut cette lettre pastorale
de l'archevêque, les pauvres de la commune
de Vaugirard étaient loin d'être délaissés.

Le bureau de bienfaisance venait largement à leur aide, comme il l'a toujours fait depuis sa fondation. Mais, on le sait, il est des misères cachées, honteuses d'elles-mêmes, pour lesquelles des secours donnés publiquement seraient une humiliation de plus. Il y a là, indépendamment de souffrances matérielles à soulager, des blessures morales qui ne peuvent être guéries qu'après avoir été délicatement sondées par les mains prudentes de la charité chrétienne. C'est pour de pareilles infortunes que Mgr Sibour sollicitait principalement la commisération des âmes généreuses, et la Société de Saint-Lambert se forma aussitôt après la publication de la lettre pastorale, afin de réaliser le vœu exprimé par le pieux archevêque.

Organisée en grande partie d'après les dispositions indiquées par l'archevêque, elle a un président, un vice-président, un trésorier, un secrétaire et des membres vi-

siteurs, dont le nombre n'est pas limité.
Pour avoir des titres aux secours qu'elle
distribue, il suffit d'être malheureux.

A quelque religion que l'on appartienne,
du moment qu'on est atteint par l'infortune,
on peut aller frapper hardiment à la porte
du presbytère de Vaugirard : israélite ou
protestant, on sera toujours bien accueilli ;
car le digne pasteur de la paroisse a toujours mis en pratique la parabole du bon
Samaritain : il fait la charité dans le sens
vraiment chrétien de ce mot, et sans condition, et certes, c'est là le plus sûr moyen
de conquérir des âmes à Dieu.

La Société vient principalement en aide
aux infirmes, aux vieillards et aux orphe-
lins ; elle soutient aussi les familles dont les
chefs, quoique jeunes encore, se trouvent
hors d'état de subvenir, avec le produit de
leur salaire, à la subsistance de leurs nombreux enfants. Chaque fois qu'une demande

de secours lui est adressée, elle délègue un de ses membres pour aller visiter le postulant à domicile, et prendre, autant que possible, des renseignements sur sa conduite, afin que les secours destinés aux véritables nécessiteux ne tombent pas dans des mains indignes de les recevoir ; tâche difficile, car rien n'est si trompeur que les apparences. Tel pauvre que l'on trouve sans mobilier, sans vêtements et n'ayant pour tout lit qu'une botte de paille, est souvent bien moins malheureux, bien moins digne d'intérêt que celui dont le logement n'offre pas au même degré cet aspect misérable. Il peut se faire que le premier ait vendu tout ce qu'il avait pour satisfaire une passion, qui a été pour lui une source inépuisable de maux de toute nature ; le second, au contraire, ne s'est défait d'abord que des objets les moins nécessaires, il a mis en gage ses habits du dimanche, une partie de son linge ;

puis le chômage ou la maladie continuant à
se faire sentir, il a porté au mont-de-piété
les draps de son lit, ses ustensiles de mé-
nage. Mais il y a une limite qu'il n'a pas
franchie : il a conservé ses meubles sans lesquels il lui serait impossible de dissimuler
sa misère ; en un mot, le malheur a pu le
visiter, mais il ne lui a pas ôté tout senti-
ment de dignité personnelle. On reconnaît
toujours en lui l'homme qui a vécu jusqu'a-
lors de son travail ; et il a fallu un concours
de circonstances malheureuses, la maladie
ou des chômages trop prolongés, des pertes,
des accidents graves, de lourdes charges de
famille, pour l'obliger à demander des secours.

Les membres visiteurs ont donc à distin-
guer la misère véritable de la misère simu-
lée ; c'est là une tâche d'autant plus délicate
qu'ils doivent apporter dans leurs recherches beaucoup de discrétion et de réserve,

afin que le pauvre honteux n'ait pas à rougir de sa misère étalée au grand jour; mais, sauf de rares exceptions, la notoriété publique fournit à la Société des renseignements précis sur le compte des personnes qui réclament son appui et dont la plupart sont d'anciens habitants de la commune. La Société a ainsi la certitude que ses aumônes sont bien placées.

Mais, dira-t-on, parmi ces pauvres il y en a peut-être un certain nombre dont les antécédents sont peu estimables et qui sont tombés dans l'infortune par l'effet de leur inconduite. Quelques-uns se trouvent probablement dans ce cas, mais est-ce une raison pour ne pas les secourir? est-ce une raison pour abandonner leurs enfants et rendre ces derniers responsables des désordres, de l'imprévoyance et peut-être aussi du peu de bonheur de leurs parents? Un ancien a dit : « *Homo sum et nihil humani a me alienum*

*puto, je suis homme et rien de ce qui inté-
resse l'humanité ne doit me rester étranger.*
Et nous, qui nous vantons de nos lumières et
de l'adoucissement de nos mœurs, nous qui
nous disons disciples du Christ, de celui qui
nous a proposé la charité comme la plus belle
des vertus, nous refuserions de venir en aide à
des malheureux, parce que leur passé n'a pas
été ce qu'il aurait dû être ! Mais si nous
pouvions céder à de tels sentiments, nous
vaudrions bien moins que ces païens dont
je citais tout à l'heure une si généreuse
maxime. Marc-Aurèle, qui n'était pourtant
qu'un païen, a dit : *Il ne faut point s'irriter
contre les méchants ; il faut même en prendre soin et les supporter avec douceur.* Belles paroles qui devraient nous faire rougir
de notre égoïsme, et nous rendre plus indul-
gents pour les faiblesses d'autrui.

Si quelqu'un pouvait se plaindre avec
raison des pauvres, ce serait le membre visi-

teur, car c'est lui qui remplit la tâche la plus pénible. Visiter les pauvres dans leur domicile, assister au spectacle repoussant ou attristant de leur misère, écouter leurs plaintes ou leurs récriminations, quand le malheur a aigri leur caractère, faire des démarches pour leur procurer des secours de toute nature, les consoler dans leurs maladies et jusqu'à leur lit de mort, telle est la tâche du membre visiteur. Ajouterai-je, après cela, qu'il ne recueille souvent que l'ingratitude et la calomnie pour prix de ses peines? Mais que lui importe, n'a-t-il pas l'approbation de sa conscience et ne doit-il pas compter sur les magnifiques promesses de Celui qui ne laissera pas, sans récompense un verre d'eau froide donné en son nom?

Il ne faut pas croire, d'ailleurs, que le membre visiteur ne trouve pas, dans l'accomplissement de sa tâche, de grandes consolations et une récompense anticipée de s pieuse sollicitûde. Il est souvent témoin de vertus cachées dans l'ombre, de privations héroïques, de sacrifices qui dénotent une véritable grandeur morale chez des individus qui semblaient condamnés par la fortune à la condition la plus abjecte.

Les enquêtes ordonnées par nos assemblées législatives ne nous ont-elles pas appris que, dans les classes pauvres, l'orphelin trouvait souvent un père ou une mère pour le recueillir? Quand un ouvrier vient à mourir, il n'est pas rare de voir ses voisins adopter ses enfants, les élever comme les leurs et redoubler d'efforts pour nourrir ce surcroît de famille.

Le membre visiteur constate lui aussi des adoptions de cette nature, ou bien il trouve un pauvre partageant son pain avec de plus malheureux que lui, avec des impotents ou des malades, auxquels, à défaut de secours pécuniaires, il prodigue des soins

affectueux et rend des services de tous les
instants plus précieux qu'une aumône considérable ; certes, à cette vue le visiteur peut
s'écrier avec M. de Barante dans son discours à l'Académie française sur les prix de
vertu : « Qui se conforme le mieux au pré-
« cepte évangélique, si ce n'est l'indigent
« quand il retranche sur ses ressources né-
« cessaires pour nourrir son frère en pau-
« vreté, quand il consacre une partie de son
« travail à le secourir, quand il emploie
« une partie de son temps à le soigner ? Ce
« n'est pas à une émotion passagère qu'il
« obéit ; ce n'est pas qu'il soit, comme le
« riche, touché et surpris par le spectacle
« d'une misère à laquelle lui-même est trop
« accoutumé ; il ne cherche pas non plus
« l'approbation publique ; il n'acquerra pas
« une renommée de bienfaisance et de phi-
« lanthropie ; non, c'est un instinct du cœur
« qui l'entraîne à ce dévouement qui ne se

« lasse point et peut durer toute la vie.
« Telle est la charité la plus vraie, cette
« charité qui est la première des vertus
« chrétiennes. »

La Société de Saint-Lambert distribue
aux pauvres qu'elle secourt des bons de
pain et de riz ; les malades et les vieillards
infirmes reçoivent, en outre, de la viande ;
elle donne aussi du bois pendant l'hiver. A
cette époque de l'année, elle accorde, à un
certain nombre de ses pensionnaires, des
aliments gras où maigres, suivant les jours de
la semaine, et qui sont cuits dans un fourneau ouvert dans ce but.

Un certain nombre de ces rations est par-
tagé, chaque jour, entre les enfants des écoles gratuites et de la salle d'asile, qui appar-
tiennent à des familles nécessiteuses. La
commune prend cette dernière dépense à
sa charge.

Le fourneau est une grande ressource

pour ces malheureux, et l'empressement avec lequel ils se rendent aux distributions est une preuve de son utilité et aussi de leur misère.

M. le curé de Vaugirard vient, en outre, en aide à un certain nombre de familles, qui, après avoir connu l'aisance, sont tombées dans le malheur par suite de ces revers de fortune si communs de nos jours. Ce sont là ces pauvres honteux qu'il est aussi difficile de secourir que de soulager sans blesser leur susceptibilité, sans froisser un amour-propre qui a sa source dans une noble fierté, que l'adversité n'a pu abattre.

Il ne nous est pas permis de nous étendre davantage sur ces bonnes œuvres, que nous avons pris sur nous de signaler en passant ; mais, qu'on le sache bien, le nombre des pauvres tombés dans l'indigence, d'une position heureuse, est plus élevé qu'on ne pense. Grande leçon pour ceux qui se flattent que l'adversité ne pourra jamais les atteindre, et qui devrait nous rendre tous plus compatissants pour les misères qui nous entourent !

Le nombre des familles secourues par la Société de Saint-Lambert est considérable. Il a presque doublé depuis deux ans par suite de l'émigration des indigents de Paris. On voit par là combien il reste à faire à la charité privée.

Les pauvres de la commune sont, en outre, assistés par les RR. Pères de la compagnie de Jésus, qui dirigent l'ancien collége de M. l'abbé Poiloup, dont ils continuent les traditions bienfaisantes.

Enfin il y a, dans Vaugirard, un grand nombre de personnes que je ne nommerai point, parce que tout le monde les connaît, dont le cœur et la bourse sont toujours au service de l'infortune.

Pour compléter l'œuvre de la Société de Saint-Lambert, la paroisse, suivant le désir exprimé par l'archevêque de Paris, a formé, à l'école des sœurs, un vestiaire des pauvres qui distribue, chaque année, plus de 2,000 effets d'habillement.

Il existe, enfin, une société de dames qui s'occupe spécialement des femmes en couches et des malades. Cette œuvre, placée également sous la présidence de M. le curé, a à peu près la même organisation que la Société de Saint-Lambert.

Une société semblable existe à Plaisance, seconde paroisse de la commune. Elle est présidée par M. l'abbé Hugony, curé de l'Assomption.

École des Garçons.

Avant 1830, il n'y avait à Vaugirard que des pensionnats et des écoles libres. Les enfants des familles aisées recevaient seuls les bienfaits de l'enseignement ; mais ceux des familles pauvres, étaient privés de tout enseignement primaire. Les filles, toutefois, étaient admises gratuitement dans une école payante, dirigée par Mlle Collet Stevé.

L'absence d'une école communale était donc un fait regrettable. Afin de combler cette lacune, la commune forma en 1828 une école dont le nombre de places fut porté à 300 en 1841.

Dès que l'école fut terminée, on eut l'idée d'y établir, à titre d'essai, des cours gratuits pour les ouvriers et apprentis. Le maire actuel, M. Thibouméry, alors membre du comité local de surveillance de l'instruction primaire, contribua de tout son pouvoir à la fondation de ces cours, dont les résultats ont été si satisfaisants, qu'on ne pourrait pas songer à les suspendre, et encore moins à les supprimer.

M. Thibouméry a beaucoup étendu le programme des classes du soir; il comprend, indépendamment de l'instruction primaire, le dessin appliqué aux arts. De jeunes ouvriers, animés d'un vif désir de s'instruire, viennent puiser à ces cours les connaissances nécessaires pour l'exercice de leur profession.

L'école a compté parmi ses professeurs de dessin des artistes distingués : MM. Cugnot, père et fils, Gustave Chassevent, Léon et Eugène Breban, Léon Loire, Crepinet fils, etc. Avec des maîtres d'un pareil mérite, doit-on s'étonner des progrès qu'ont faits dans l'étude du dessin les ouvriers qui suivent les classes du soir?

Un autre cours non moins utile et très-recherché est celui de musique vocale, fondé par feu M. Toussaint-Martin; il est professé, avec talent par M. Goupy. Plusieurs jeunes gens qui ont suivi ce cours ayant été appelés dans les rangs de l'armée, ont pu être admis dans les musiques de nos régiments; d'autres ont continué leurs études musicales et sont devenus à leur tour des maîtres habiles.

Enfin, à l'école de Vaugirard, on a pensé qu'il fallait occuper le corps, aussi bien que l'esprit. C'est ainsi qu'agissaient les anciens; ils se délassaient de leurs travaux politiques ou littéraires par des exercices virils qui exigeaient un grand déploiement de force physique; ils savaient que c'était le plus sûr moyen d'entretenir une âme saine dans un corps vigoureux. Les hommes d'État les plus célèbres préludaient ainsi à leurs exploits guerriers. De nos jours ces exercices sont généralement négligés comme indignes d'esprits sérieux, et certes c'est là un tort grave à bien des points de vue. Si on ne peut point les remettre en honneur parmi les hommes faits, qu'on y applique du moins l'adolescence et la jeunesse, ne fût-ce que dans l'intérêt de leur santé. C'est là ce qui se pratique à l'école de Vaugirard. La gymnastique y est enseignée par M. Poulain, qui professe cet art à l'École polytechnique de Paris, dans les lycées impériaux et au collége de Vaugirard.

L'école est dirigée par M. Flamarion, officier d'académie, qui joint à beaucoup de savoir des sentiments chrétiens et dont tous les loisirs sont consacrés au soulagement des pauvres.

École des Filles.

Il y a aussi dans la commune une école gratuite pour les filles ; leur nombre normal est de 400 environ. Leur éducation est confiée à des sœurs de la Croix-Saint-André, qui ont pour supérieure sœur Marie Angèle, dont tout le monde connaît et admire les vertus.

Les jeunes filles, à leur sortie de l'école, sont patronées par une association bienfaisante composée de dames et dirigée par les ecclésiastiques de la paroisse.

A côté de l'école des filles, se trouve la salle d'asile ; 200 enfants des deux sexes y sont admis gratuitement.

Le quartier de Plaisance possède également ment des écoles communales et un asile dont l'effectif total comprend environ 500 filles et garçons.

Le nombre des enfants qui reçoivent les bienfaits de l'éducation gratuite par les soins de la commune est d'environ deux mille dans les deux sections.

Société de Secours mutuels.

Si nous approuvons les œuvres de charité, nous devons aussi applaudir aux institutions destinées à développer, dans les classes laborieuses, des idées de prévoyance et d'économie, et à tarir ainsi les sources de la misère. A ce titre, la Société de secours mutuels de Vaugirard a droit à toutes nos sympathies. Cette Société, qui compte un grand nombre de membres participants et de membres honoraires, paraît appelée à rendre les plus utiles services, et c'est là encore une institution dont la commune a le droit de s'enorgueillir. A côté fonctionne une autre Société placée sous l'invocation de saint François Xavier, et qui a pour but de combiner l'assistance matérielle avec les secours spirituels de la religion. Ses membres se réunissent le dernier dimanche de chaque mois, dans le crypte de l'église. Dans ces assemblées, qui ont lieu le soir, on entre-mêle les instructions religieuses de lectures ou de leçons de physique ; on chante des cantiques, des chœurs et d'autres morceaux de musique. On entend, tour à tour, des discours prononcés par des prêtres et par des laïques à la voix éloquente ; des encouragements ou des récompenses sont distribués aux membres les plus assidus ; puis on se sépare après avoir reçu la bénédiction du Saint-Sacrement.

L'œuvre convoque, en outre, chaque année, tous ses membres à une assemblée générale, qui se tient dans l'église supérieure. Le première de ces réunions eut lieu le 28 avril 1857, et fut honorée de la présence de son éminence le cardinal archevêque de Paris, installé depuis peu dans son nouveau diocèse. Ce vénérable prélat, l'honneur de l'épiscopat français par ses vertus et son éloquence, parla dans cette solennité des devoirs du chrétien avec une autorité de langage et une onction irrésissibles. Improvisation vraiment évangélique, dont les touchantes exhortations durent se graver profondément dans le cœur des personnes qui eurent le bonheur de les entendre.

CONCLUSION.

—

Que conclure de ce travail si ce n'est que
la commune de Vaugirard a reçu, depuis
une vingtaine d'années environ, des amélio-
rations importantes, principalement au point
de vue moral ? Aussi, lorsque viendra le moment où elle devra être absorbée dans Paris,
elle ne lui apportera que des éléments dignes d'être incorporés à ce grand centre de
lumière et de civilisation.

TABLE.

Paris. — Impr. de Pommeret et Moreau, 42, rue Vavin.

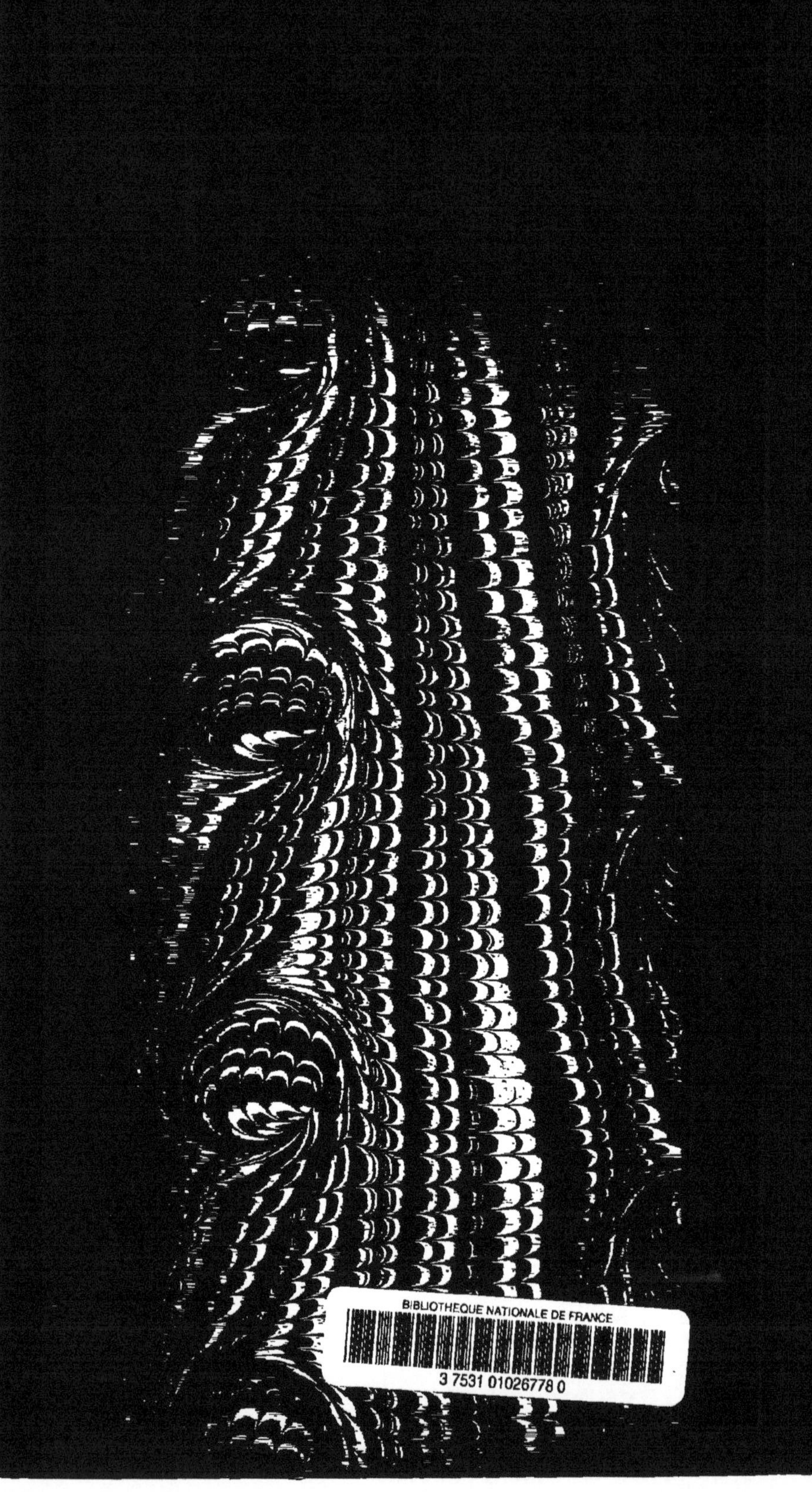

www.ingramcontent.com/pod-product-compliance
Ingram Content Group UK Ltd.
Pitfield, Milton Keynes, MK11 3LW, UK
UKHW020949140726
13695UKWH00003B/1297